优秀技术工人
百工百法丛书

廖明
工作法

地铁司机应急处置技能培训

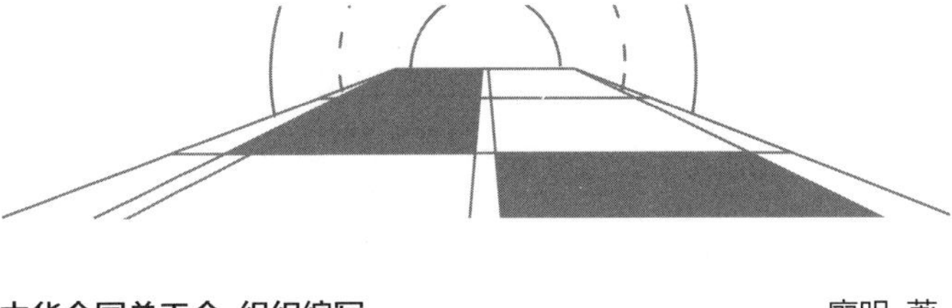

中华全国总工会 组织编写

廖明 著

中国工人出版社

技术工人队伍是支撑中国制造、中国创造的重要力量。我国工人阶级和广大劳动群众要大力弘扬劳模精神、劳动精神、工匠精神，适应当今世界科技革命和产业变革的需要，勤学苦练、深入钻研，勇于创新、敢为人先，不断提高技术技能水平，为推动高质量发展、实施制造强国战略、全面建设社会主义现代化国家贡献智慧和力量。

——习近平致首届大国工匠创新交流大会的贺信

优秀技术工人百工百法丛书

海员建设卷

编委会

序

党的二十大擘画了全面建设社会主义现代化国家、全面推进中华民族伟大复兴的宏伟蓝图。要把宏伟蓝图变成美好现实，根本上要靠包括工人阶级在内的全体人民的劳动、创造、奉献，高质量发展更离不开一支高素质的技术工人队伍。

党中央高度重视弘扬工匠精神和培养大国工匠。习近平总书记专门致信祝贺首届大国工匠创新交流大会，特别强调“技术工人队伍是支撑中国制造、中国创造的重要力量”，要求工人阶级和广大劳动群众要“适应当今世界科技革命和产业变革的需要，勤学苦练、深入钻研，勇于创新、敢为人先，不断提高技术技能水平”。这些亲切关怀和殷殷厚望，激励鼓舞着亿万职工群众弘扬劳模精神、劳动精神、工匠精神，奋进新征程、建功新时代。

近年来，全国各级工会认真学习贯彻习近平总书记关于工人阶级和工会工作的重要论述，特别是关于产业工人队伍建设改革的重要指示和致首届大国工匠创新交流大会贺信的精神，进一步加大工匠技能人才的培养选树力度，叫响做实大国工匠品牌，不断提高广大职工的技术技能水平。以大国工匠为代表的一大批杰出技术工人，聚焦重大战略、重大工程、重大项目、重点产业，通过生产实践和技术创新活动，总结出先进的技能技法，产生了巨大的经济效益和社会效益。

深化群众性技术创新活动，开展先进操作法总结、命名和推广，是《新时期产业工人队伍建设改革方案》的主要举措。为落实全国总工会党组书记处的指示和要求，中国工人出版社和各全国产业工会、地方工会合作，精心推出“优秀技术工人百工百法丛书”，在全国范围内总结100种以工匠命名的解决生产一线现场问题的先进工作法，同时运用现代信息技术手段，同步生产视频课程、线上题库、工匠专区、元宇宙工匠创新工作室等数字知识产品。这是尊重技术工人首创精神的重要体现，是工会提高职工技能素质和创新能力的有力做法，必将带动各级工会先进操作法总结、命名和推广工作形成热潮。

此次入选“优秀技术工人百工百法丛书”作者群体的工匠人才，都是全国各行各业的杰出技术工人代表。他们总结自己的技能、技法和创新方法，著书立说、宣传推广，能让更多人看到技术工人创造的经济社会价值，带动更多产业工人积极提高自身技术技能水平，更好地助力高质量发展。中小微企业对工匠人才的孵化培育能力要弱于大型企业，对技术技能的渴求更为迫切。优秀技术工人工作法的出版，以及相关数字衍生知识服务产品的推广，将对中小微企业的技术进步与快速发展起到推动作用。

当前，产业转型正日趋加快，广大职工对于技术技能水平提升的需求日益迫切。为职工群众创造更多学习最新技术技能的机会和条件，传播普及高效解决生产一线现场问题的工法、技法和创新方法，充分发挥工匠人才的“传帮带”作用，工会组织责无旁贷。希望各地工会能够总结命名推广更多大国工匠和优秀技术工人的先进工作法，培养更多适应经济结构优化和产业转型升级需求的高技能人才，为加快建设一支知识型、技术型、创新型劳动者大军发挥重要作用。

中华全国总工会兼职副主席、大国工匠

高凤林

作者简介
About The Author

廖明

1963年9月出生，北京市地铁运营有限公司运营三分公司司机，电动列车司机高级工。

曾获全国劳动模范、全国五一劳动奖章、全国城市轨道交通企业工会联委会“列车先锋”、北京市“首都劳动奖章”、中宣部“全国十佳最美职工”、国资委“国企楷模·北京榜样”十大人物、交通部“感动交通2017年度十大人物”等荣誉和称号。多年来，他始终秉承“行车守规章，事故永杜绝”的驾驶信念，是全国“安全行车百万公里第一人”。

他长期致力于轨道交通列车驾驶工作，于 2018 年成立廖明创新工作室。通过总结多年来的工作经验与方法，在创新工作室中，他优化了传统固有的地铁司机培训模式，为司机队伍的培养，为进一步激发司机学习新技能新知识的积极性、提升司机队伍综合素质，为新形势下企业的发展作出了突出贡献。他用辛勤的汗水和默默的奉献诠释着北京地铁“忠诚、担当、联动、创新”的企业精神，谱写“畅通北京，让首都更美好”的新篇章。

工/匠/寄/语

要像地铁的钢轨和基石一样

勇于担当 默默奉献

廖明

目　录
Contents

引 言
Introduction

地铁运营安全是地铁的生命线。北京地铁是服务于首都的城市轨道交通系统，随着首都建设和发展，轨道交通安全问题已经成为广大人民群众最为关注的焦点问题。地铁的日常运营离不开负责驾驶列车的司机，列车的每一次牵引和制动，都是由司机操作完成。如果司机的业务能力和综合素质不能满足地铁网络化运营的标准要求，就会对安全行车造成一定影响，给乘客出行带来不便。

为保证安全运营，司机的培训不能拘泥于现状，需要创新模式。廖明创新工作室的有效运行，扩大了企业爱岗钻研业务的群众基础，同时，进一步强化了“敬业”精神和“工匠”精神。

廖明创新工作室创新开展地铁司机专业培训工作，研究务实、快速、有效的培训方式方法，对培训结果进行追踪记录与整体评价，优化完善既有规章制度及应急指挥体系。在地铁司机培训中，通过强化司机的安全意识、树立良好的服务意识、增强司机的业务能力、提高司机的处置能力，从而减少突发情况对地铁运营的影响，提高乘客出行的可靠性、稳定性和安全性，保障地铁运营秩序。

第一讲

廖明工作法概况

在城市轨道交通事业高速发展的形势下，降低故障率、注重运行质量是保证北京地铁安全运营的前提和基石。北京地铁始终秉承着“以人为本创平安、永远追求零风险”的安全理念，在不断提升运营效率的同时，更加注重企业安全生产主体责任的落实，坚决把运营风险遏制在源头。

图 1　廖明指导司机利用模拟器进行培训

在几十年的运营安全管理实践过程中，北京地铁公司不断总结、创新管理方法和理论，汲取事故致因理论、轨迹交叉理论、过程控制理论等现代安全管理理论精髓，结合北京地铁运营安全管理实际情况，提炼出“抓小防大，安全关前移”“安全运营基础取胜”等一系列企业安全管理思想，在培养员工安全意识的同时，逐步提升各项业务能力。

廖明创新工作室自成立以来，始终将人才的培养和对司机团队的培训作为重点，着力提升培训质量，达到既定的培训效果。廖明工作法共包括三部分，即基本工作法、创新培训法、综合评价法，即从正常运营工作、司机培训以及评价司机培训效果三个角度，形成了一套行之有效的工作方法。

一、基本工作法

多年来通过积累经验以及扎根基层总结出的工作法，应用于实际培训，以保证司机及带班主任在运营中遇突发情况时，能够及时恢复正常运营。做到处置得当，安全、快速、高效。廖明将以上积累的经验汇总成为廖明工作法，即“地面运营变数多，风霜雨雪会惹祸；班前先把天气看，驾驶方法有预案；接车始于车进站，听音状态能初判；轮轨接触车况透，人车合一细感受；线路各景脑中记，发现不同必有疑；同行动态放心上，突发情况不惊慌；司机室门关不畅，锁舌抹油施良方；平稳驾驶重服务，心系乘客安全路”。廖明基本工作法从天气、列车驾驶感受、突发情况应对、平稳驾驶等方面总结了工作方法，为其他司机手动驾驶行车提供参考。

图 2　廖明带徒理念及工作法

图 3　廖明与他的徒弟们

二、创新培训法

为广大市民乘客提供优质满意的乘车体验，必须拥有一支高职业技能、高职业素质、高驾驶水平的地铁司机队伍。研究科学有效的创新培训法，目的便是训练出一批责任意识强、安全意识强、技术水平高的司机作为安全运营的基础保障。为了更好地确保运营列车安全，确保提供给乘客安全平稳的乘坐体验，以及运行快速、高效、便捷，地铁部门大力开展培训教育工作，持续提升服务质量和安全意识，创新培训法应运而生。地铁司机岗位是安全行车的最后一道关卡，当面对突发事件需要应急处置时，未受过良好培训的司机，很容易在处置过程中出现慌不择路甚至操作失误的情况，因此地铁司机必须具备优秀的专业技能和较强的心理素质，培训在这其中起到至关重要的作用。地铁司机在整个职业生涯中，需要经历无数次且不间断的理论及专业实操技能培训，从源头上最大限度降低地铁司机在应急处置过程中的安全风险。

三、综合评价法

设置四项反馈及评价司机的方式，并根据相关标准参考依据，全方位对司机进行综合评价。在评价与分析的同时进行充分总结，逐步对培训方法进行合理优化，最大限度地还原实际场景，增强培训的可靠程度。通过逐步完善的培训方法，着力提升地铁司机在正线驾驶过程中，遇突发事件的应急处置能力，保持正线运营秩序。

通过以上三种方法，切实提升地铁司机队伍质量，为轨道交通运营提供保障。

第二讲

基本工作法：地铁司机应急处置能力的重要性与构成

高架及地面驾驶运营线路，极易受风、霜、雨、雪等天气及各方面因素的影响，异物侵入车辆限界并与车辆发生冲突、剐蹭、相撞等类型事故时有发生。异物侵限事件具有较强的不确定性，危害性也相对较大，一旦列车与异物发生冲突，轻则影响运营，重则造成行车安全事故，带来人身伤亡和车辆相关设备的损坏。出勤值乘前通过企业微信天气预警功能或天气预报，对值乘时可能出现的天气变化提前进行预知，如此一来，当遇到特殊情况时就可以有条不紊地进行应急处置。

驾驶列车要执行标准化操纵方案，遇运营线突发故障时，按要求执行相关预案和现场处置方案。值乘接车时提前在站台等候列车进站，根据列车的声音反馈，初步判断列车当前运行状态，如发现异响异音做好相关记录并随时关注列车情况。“人车合一”其实是一种形象的说法，主要是做到对于列车要有更深层次的了解，每个故障需要有针对性地进行解决，达到如此境界是需要精益求精的。地铁司机只对列车有充分的了解是完全不够的，对于线路的熟悉也至关重要。弯道、上下坡道以及线路周边的环境，都是安全行车的重要因素。如发现与正常状态不同，驾驶时，要提高警惕，遇到突发事件时，首先在心态上不能慌乱，需时刻保持冷静。良好的心理素质往往决定着应急处置是否快速、准确、高效。

作为一名地铁司机，要对列车各个保险、按钮等作用和显示熟悉掌握，有针对性地进行故障处置可以达到事半功倍的良好效果。在技术业务过硬的同时，心系乘客的感受也极其重要。如遇正线突发故障需临时停车时，司机应在临时停车超过 2 分钟后，按要求对乘客进行客室广播，安抚乘客情绪，一方面给予乘客良好的乘车体验，另一方面避免因乘客不知情造成车厢内混乱、产生不利影响。

“平稳驾驶无事故”，平平常常的七个字，承载的是地铁人多年来的努力与愿望。想要达到这种高度，就要从最初的培训开始着手。培训永远是实践的先行官，培训的效果良好，正线驾驶时才能更快速地解决突发情况。

廖明基本工作法涵盖了作为一名合格地铁司机的基本素质。满足这些的同时再加以科学合理的培训，牢固树立安全意识，掌握过硬的驾驶技能，熟知各类处置预案和操作，方能胜任地铁司机这一职业。

应急处置能力是地铁司机必备的能力之一。以下将通过地铁司机应急处置能力的重要性以及构成进行全方位分析，为创新培训法打下坚实的基础。

一、地铁司机应急处置能力的重要性

地铁司机的应急处置能力在日常驾驶过程中尤为重要。通过地铁信号系统控制信号开放，道岔转换与列车进路的排列，地铁司机凭借车载信号行车。然而列车在日常运营的过程中免不了会发生一系列的故障，如设备故障、车辆故障等，均会对地铁正常运营产生较大的影响。由于地铁行车故障的不确定性、突发性、复杂性，会对乘客出行造成不利影响。在发生故障的情况下，地铁司机需要对故障进行判断和应急处置，如变更闭塞法行车、反方向运行、推进运行、退行、小交路运行、限速运行、列车救援等，在处置的同时还需要确保安全。司机的应急处置能力，是考验其综合能力素质的重要指标之一。应急处置是否得当直接关乎地铁运营安全、行车秩序、乘客出行。

二、地铁司机应急处置能力构成分析

地铁司机的应急处置是指地铁司机针对列车在运行过程中发生的车辆故障、设备故障、突发事件等非正常情况下做出的快速有效的反应和处置措施。利用业务技能在尽可能短的时间内恢复正线运营，降低因故障处置造成的不利影响。应急处置工作具有较强的突发性和不确定性，对地铁司机业务、心理等各方面能力和素质要求相对较高。地铁司机应急处置能力主要包括以下几方面。

1. 反应

包括地铁司机在应急故障处置过程中对于故障现象的判断、处理是否及时，突发情况下的应对能力、安全意识等。反应能力在应急处置过程中起到相当重要的作用，往往反应迅速，处置才能更高效。

2. 业务

包括地铁司机对列车信号系统、车辆相关理论知识的掌握，应急故障处置各项流程的理解，故障判断的准确性和经验等。业务素质是应急处置能力的基础，也是日常培训的工作之一。业务能力突出的司机往往在处理故障时可以有条不紊，精准快速。

3. 沟通

在应急处置过程中，不是只有操作，还有一项不可或缺的工作就是沟通。与行车调度员、带班主任等联系时，是否语言流畅、是否沟通准确、是否描述到位，都对列车恢复运行起到决定性作用。沟通能力是应急处置能力的主要表现方式，地铁司机需要具备特定的沟通技能和沟通技巧。

4. 操作

包括地铁列车司机更改运行模式、故障处置保险的断合、限速运行等。司机在遇到突发事件时，需要迅速执行相关预案。操作能力是地铁司机在执行落实相关措施的过程中所需的特定技能。

第三讲

创新培训法：地铁司机及带班主任应急处置行为分析与优化策略

廖明在地铁司机培训方面有自己独到的见解，始终秉持“讲后重理解，再实践，遇事须躬行；教后知困惑，再自反，互学能相长”，争取通过培训让每名司机达到“人车合一技术精，安全行车一路情，首善服务在运营”的效果。

一、创新培训法理念

基于地铁公司日常培训计划的重点，将培训方式分为理论与实操两大部分，理论与实际相结合，在有针对性地巩固自身基础的同时，激发司机深层次的能力。

理论培训以面授为主，将理论知识细化，有关联的知识点串联在一起进行讲解，并结合构造图、电路图等直观的画面进行呈现与讲解，使得司机在学习业务技能的同时，了解其原理。为充分保证在岗司机的理论知识水平达标，定期开展理论知识的考评工作，以基础的业务知识、标准化作业流程、近期重点教育内容等为依托，进行综合性理论知识考评。由于地铁司机为倒班制且日常工作繁重，在尽量做到保证司机休息时间的同时，激发司机参加培训的积极性。

图 4　廖明面授理论知识

实操按牵引类、车门类、显示类、风压类、辅助类、网压类、车载类、服务类、其他类九大类进行划分，在深度掌握每类故障的同时，模拟故障叠加后的场景，以渐次增强司机处理突发事件的能力，提升业务水平，从而达到安全运营的目标。

对司机采取抽样检验，并进行深度培训，验证其业务能力及综合素质是否达标。为确保能够对全体司机进行检验评估，通过对司机轮乘位置图优化，固定培训位置，每日进行20名司机的抽样培训工作。

图5 司机进行实际操纵检验

为辅助司机处置运营突发情况，提升带班主任应急指挥能力及协同处置能力，每月对全体带班主任进行联动模拟演练，并对演练效果进行评价。

图 6　带班主任应急指挥演练

创新工作室进行全员的一对一教育，对新技术、新规章、新标准进行全员培训，并对培训效果进行评估。

理论与实操后建立完善的培训档案，对于在岗司机培训情况进行统计。设计以年度为单位的培训清单，保留相关培训的记录，包括理论考试试卷和成绩、实操成绩等。全部在岗司机当年必须完成相应的培训科目，并实时更新培训档案。

二、创新培训法开展

由于某些重点项目培训具有特殊性，不便于大面积开展运营线或试车线实战培训工作，如特殊天气下的操纵、异物侵限的处置、列车救援连挂、故障叠加情况等，由此采用创新工作室模拟器进行演练的方式，模拟正线的特殊故障，旨在考察司机处理此类重点事件的能力以及带班主任遇突发事件的临场指挥及协同处置能力。

通过创新工作室内的教师机登录司机账号，由乘务中心管理人员结合公司近期培训重点及运营线频发故障，安排相应的培训内容。如模拟 13 号线下行（西直门—东直门）区间，司机模拟驾驶 1153 次列车于大钟寺至知春路区间，运行时大风降雨明显。司机及时通过车载电台联系行车调度员，报告此时线路情况，并通知带班主任。带班主任提示司机加强线路瞭望，注意异物侵入限界的可能性，并严格控制车速，进站提前采取制动。司机回复收到并按规定继续驾驶列车，运行至五道口至上地近区间分界点信号时，发现前方线路有彩钢板影响正常行车，此时及时采取紧急制动，列车停于彩钢板前方，联系行车调度员报告现场情况，并服从行车调度员安排，通知带班主任。此时轮乘室带班主任得知异物侵入限界影响 1153 次列车正常行车，根据北京地铁电动列车操规中对异物侵限的处理内容，通过应急手台与值乘司机取得联系，告知司机通过广播及时安抚乘客情绪并根据司机描述的现场情况指挥其按步骤处理。司机在此期间随时与行车调度员及带班主任保持联系，并报告现场后续情况及处置结果，待全部处理完成后，1153 次列车恢复正常运行。

全部培训过程在教师机中均有记录，并具有评分功能，同时制作评分表，对司机处理过程中现场情况的描述、沟通联系等环节及带班主任临场指挥步骤是否齐全、指挥是否得当进行打分，对于不合格项目进行提示和再培训工作，使得每名司机的业务能力得到有效提升。

图 7　通过终端设置模拟故障

三、创新培训法整体优化提升

通过廖明创新工作室培训，结合带班主任与司机协同处置情况，制定整体化方案，强化过程监督管理以及完善突发事件应急指挥体系，提升处置应对能力。

1. 强化过程监督管理

强化过程监督管理主要分为以下三个方面。

（1）建立健全应急处置时的过程监督机制。这方面监督主要是针对司机和带班主任在应急处置或应急指挥过程中存在的操作失误。有些失误不影响处置结果，但会增加处置时间。通过这方面的过程监督可以提高应急处置的效率，避免出现结果无影响就忽视过程的情况。

（2）对应急处置流程进行分析。在分析中要针对应急处置的盲点、漏洞，使用闭环监督的方式完善互控制度，同时针对互控制度执行进行评估。

（3）通过解析培训效果以及对于应急处置过程的监督实现人员的差异化管理。

对于因现场处置或指挥不当造成影响的司机或带班主任，通过过程监督查找问题点，进行有针对性的安全教育并指导整改。

2. 完善突发事件应急指挥体系

通过总结日常培训以及事故案例暴露出的问题，制定完善的突发事件应急指挥体系，成立正线应急指挥保障组。充分利用司机室视频监控终端、应急手台等设备，在正线遇突发故障时，带班主任可以第一时间通过应急手台与司机取得联系，根据司机具体的描述或应急手台传回的实时画面判断列车故障点，二者相互结合，对司机进行故障处置过程指导，从而形成完善有效的应急指挥体系，精准快速地完成应急处置。

四、地铁司机应急处置行为分析与优化策略

地铁司机作为地铁运营一线的重点岗位之一，在保障地铁运营安全和提升运力质量中起到至关重要的作用。廖明通过多年来总结的驾驶经验、与司机的日常沟通、添乘检查等，并依托创新工作室进行应急故障处置培训，日积月累汇总出司机应急处置行为分析及处置策略优化方案。

（一）司机应急处置中存在的问题

1. 反应不及时，决策与处置没重点且不果断

部分司机安全意识淡薄，在驾驶中遇突发故障时，对表现出的特征及现象未引起足够的重视或发现故障不及时，主观认为故障现象暂不影响行车，

可以稍后进行处置，未及时做出有针对性的处置，导致延误故障处置的最佳时机，造成后续更大的影响。

在故障发生的初期阶段，司机对于故障的判断出现偏差且对故障处置的流程不熟悉，导致出现较多与处理当前故障无关的操作，不明确处置的重点项目，未能在处置故障时及时联系带班主任和行车调度员。

当列车出现叠加故障时，部分司机无法分清故障的主次或无法明确判断是哪些故障叠加，处置时犹豫不果断，错过最佳处置时机，造成列车晚点。

2. 故障判断错误

当列车出现故障时，司机应清楚地判断出故障点并做出有针对性的处置操作。部分司机由于技术业务不熟练且心理素质薄弱，遇突发故障时，无法沉着应对、冷静思考解决方法，故障现象判断错误，导致出现错误的处置流程，不但现有的故障未进行处理，还可能人为制造其他次生故障，造成列车严重延误。

3. 未进行故障预测

在司机进行应急处置时，未对后续可能产生的影响进行预测，导致次生事件的发生，延误处置时间。例如，列车因故紧急停车，司机专注于处置故障并未对车厢乘客进行广播安抚情绪，导致乘客对现场情况不知情，情绪焦躁，可能出现异常行为，影响后续行车安全；地面驾驶线路极易受风、霜、雨、雪等特殊天气影响，司机在行车时没有对特殊天气可能造成的影响进行预测，导致行车时未认真瞭望线路，或在瞭望距离不足时未进行降速或停车处理，对运营安全造成风险隐患。

4. 信息上报与沟通不及时或不准确

在地铁运营中，一辆列车的故障晚点很可能造成整条线路运行缓慢乃至停止运行。在故障发生时，行车调度员对于全局的把控与协调沟通起到至关重要的作用，而司机对于现场情况的描述与信息上报的准确性是行车调度员协调的基础。信息上报得不及时或不准确，极有可能导致行车调度员对于行车决策的失误，造成不必要的事故发生。

在发生故障后，带班主任需协助司机完成故障处置，达到事半功倍、尽快开通运营线的目的。此时，司机与带班主任的沟通非常重要。司机精准及时地上报信息，可使带班主任明确故障点，有针对性地协助司机进行处置，避免司机无效操作。信息交流不通畅，就会使处置中一些关键信息无法及时传递给行车调度员或带班主任，从而影响应急处置和后续协调组织的效率。

经过统计与分析，以下几方面情况可能造成信息沟通不及时、不准确。

（1）车载电台或应急对讲设备老化或信号盲区较多，通过电台或对讲联系时偶尔出现没有信号的情况，造成信息沟通不及时；

（2）司机心理素质不过硬，在慌乱的处置过程中，没有很好地接收行车调度员下达的命令，没有准确听到带班主任告知的处置流程，造成无效沟通；

（3）司机没有学习良好的沟通用语，词不达意，沟通时无法突出重点，造成交流时间过长，难以给行车调度员或带班主任提供准确有效的信息；

（4）行车调度员与带班主任有时过多的追问，容易造成司机处置得慌乱，随着通话次数的增多，耗费的时间增多，易影响司机处置效率；

（5）当列车发生突发事件，在站或区间临时停车，司机按规定要求进行广播告知乘客，但仍有部分乘客会拍打司机室通道门询问具体情况，导致司机无法听清电台或对讲内讲述的内容，造成处置延误。

5. 规章制度学习不到位、违反操作规定

规章制度以及操作规定对司机的标准化作业及处置流程进行了规范，司机需按照要求进行相应操作，目前司机队伍中仍有部分人员未能做到严格执行相关要求，具体原因分析如下：

（1）故障处置不到位，未按照相关流程逐步进行操作，导致故障处置漏项，延长处置时间；

（2）规章制度会根据实际情况进行修订，司机对于规章制度的变化掌握不全面，应急处置时操作变形，固有思维严重，未能执行修订后的规章；

（3）司机技术业务不熟练，对于作业相关程序不清楚不了解，造成处理不当，延误时机。

6. 驾驶技术不过关

对于自动驾驶线路，司机处置应急故障后，有些情况下列车需要降级运行，此时司机需要人工驾驶列车。由于部分司机驾驶技术存在问题，日常人工驾驶的机会较少且没有认真学习训练，在人工驾驶的情况下易造成列车过标停车、超速后引起紧急制动等现象，增加了列车的晚点情况。

（二）策略优化与应对措施

1. 完善司机培训体系

通过多年总结，结合和依托廖明创新培训法与创新工作室，进一步完善司机的培训体系，通过多角度、多方位进行相关理论知识学习，并使用图片、视频等资料，强化理论学习的效果。在理论培训教学后，增加实战的培训。通过模拟器最大限度地模拟司机正线驾驶，遇突发情况如何第一时间做出果断处置，如何与行车调度员、带班主任进行现场的有效沟通。在实践中对培训课程进行开发，对培训方式进行逐步改进，改善教学模式，充分调动全体员工的积极性和参与感。在教学过后进行业务等方面的交流与研讨，建立相关的培训档案，并对司机进行综合评价，以达到更好的培训教学目的。

图 8　演示模拟器操作

2. 优化故障处置原则，制定强行动车方案

根据多年正线驾驶经验以及对司机的培训工作，针对应急故障处理进行了优化。一是对于故障处置原则的优化。对故障处置期间广播安抚乘客、清人救援的原则、牵引试验等进行明确的要求，增强了司机故障处置能力，对发生的问题进行有针对性的解决。二是无法判断列车故障现象时，制定强行动车方案（针对北京地铁 13 号线），应急快速处理操作。方案包括“五确认”和“七执行”。“五确认”：①确认车辆信号，故障时按车载信号故障处置；②确认车门显示，检查车门状态，按显示类故障处置；③确认网压，联系行车调度员确认，按网压类故障处理；④确认总风压力，按空压机故障或总风漏泄处理；⑤确认司机室各操纵部件：电气柜各保险位置、紧急按钮、反向器、头尾开关、模式开关、门选位置正确，如不正确，将其恢复至正确位置。“七执行”：①按复位按钮；②向行车调度员申请，变更模式；③检查牵引制动各保险，必要时

断开重新闭合；④旁路紧急和回送开关；⑤手柄置于“0”位，按强缓按钮试验；⑥申请进行换头试验；⑦以上均无效，申请救援。通过以上优化内容，加快了司机遇正线故障时处置的准确性和快速性。

针对故障处置原则提出相关要求，如司机尽可能在车站进行故障处理；如在区间进行处理，列车尽量停在平直线路上，并确保故障处理期间乘客安全；应急故障处理期间，司机应在临时停车超过2分钟后，按要求对乘客进行客室广播，安抚乘客情绪；司机牵引试验时，应将司控器手柄置于牵引2位，保持3秒以上；如遇单车牵引、制动、车门故障，在有条件的前提下，值乘人员需前往故障列车处置，尝试恢复车辆故障，若能恢复列车故障，则按列车上线技术标准或相关标准办理，等等。通过优化故障处置原则，使得司机在应急处置过程中更有标准性和针对性，同时为乘客的安全提供了良好的保障。

图 9　司机按强行动车方案进行实操

3. 强化司机安全意识，培养良好作业习惯

通过培训教育以及案例讲解等方式，强化司机的安全意识，提高司机对于故障的敏感性，发现问题及时解决。坚持做到“四不放过”，即问题原因不查清不放过、问题责任不明确不放过、问题处理无结果不放过、整改措施不落实不放过，让司机树立安全就是红线的忧患意识，逐步强化落实司机队伍的安全意识。通过日常培训工作，培养司机良好的作业习惯，遇突发事件时可以有条不紊、逐步进行处置，做到精准处置不落项。

4. 培训与应急有机结合

应急处置是每名地铁司机都需要面对的重要工作，需要通过培训的方式提升司机应急处置能力。在日常培训过程中，增加实景驾驶内容，以模拟实战的方式严格要求司机熟练掌握应急处置流程，并按照重点解决故障，加强司机在模拟高压场景下的应急反应与处置能力的培训练习。通过以上方式使得司机在正线驾驶过程中遇到突发事件可以沉着应对、正确判断、冷静处置。

正线运营中故障发生总具有不确定性。以列车空压机故障为例，提升列车司机处理的操作能力和心理素质问题，最好的方式就是采用培训的方法，囊括所有故障类型，培训时多操作一遍，在正线中遇到相应故障就可以快 1 秒进行处置。利用模拟器有意设置列车空压机不打风故障，明确要求司机对模拟场景下的列车故障进行判断，并且及时有效地采取相应的故障处置措施。如此模拟现场处理故障的方法对司机的心理素质提高有很大的帮助。

在有些叠加故障或涉及列车救援的演练中，宜采用模拟器和正线操作相结合的模式进行培训。为了保证培训的真实性以及实用性，可以列车救援为例。这个演练的培训主要由两个方面组成，一是列车在车站或者高架区段出现故障，二是在地下车站或地下站区间出现故障。出现以上两种情况时，司机在接到行车调度员命令后，对故障车进行连挂、牵引或推进到相邻库线待令。以上类型的演练每季度组织 1~3 次，每次安排尽量多的司机参与，使每一名司机都有操作的机会，提高其实际应用能力。

5. 完善突发事件司机广播要求并培训

经过多年的实际经验与具体案例分析，司机在应急处置过程中往往会忽略乘客的感受。乘客对于现场实际情况不知情，导致发生恐慌或投诉，对正线运营秩序更加不利。由此制定突发事件司机广播要求并利用创新工作室进行实战培训，在更快速处理故障的同时提升服务质量。以下情况出现时需进行人工广播：①列车区间迫停；②领取延误告知；③列车故障恢复；④列车通过；⑤列车清人；⑥列车因故临时停车；⑦应急疏散乘客；⑧其他线路相关情况。在遇到突发事件时，司机需要进行人工广播，告知乘客临时停车或故障原因，注重乘客感受，使用文明用语征得乘客谅解。为更好地给乘客提供满意舒适的出行体验，线路整体运行缓慢或列车在站台、区间长时间停车，列车满载率达 90% 及以上时，司机要调整列车空调温度，按当日规定空调温度标准下调 2℃，保证车厢温度适宜。故障恢复后，及时恢复原设定温度。

6. 开展技术比武，促进能力提升

提升司机各项业务技能的方式还有一种便是组织开展相应的技术比武活动。充分积极地利用廖明创新工作室，模拟还原正线实景驾驶，结合培训过程中暴露出的故障处置薄弱项进行比拼，促使比武达到提高能力的效果。对于在比武中取得良好成绩的司机进行奖励，以此来提高司机学习的积极性。

要在地铁司机这个群体中营造良好的学习氛围，促使地铁司机的综合业务能力得到长足提升。

五、带班主任应急指挥和协同处置行为分析与优化策略

带班主任在地铁司机工作中起着承上启下的纽带作用。不论是运营线突发故障时的应急指挥，还是与司机的协同处置，带班主任都起着重要的作用。带班主任在运营线列车发生故障后，应急指挥与协同处置能力强，可最大限度地预防和减小正线列车因突发故障造成的影响，从而保障正线列车安全通畅。

廖明通过多年的运营线驾驶经验以及遇突发事件时与带班主任的沟通协调，后续组织开展业务培训总结的相关经验，为有效增强带班主任岗位应急指挥及协同处置能力，制定了具有针对性的培训课程与实操演练。

（一）带班主任在应急指挥与协同处置中存在的问题

1. 故障现象判断不准确

司机在运营线遇突发故障后，带班主任介入进行应急指挥工作。通过司机对故障的描述，带班主任协助司机完成故障处置。由于不在故障现场，仅通过司机描述判断故障，易造成故障现象判断不准确的情况，导致应急指挥出现偏差，造成运营线延误。

2. 沟通方式不规范

由于列车故障出现具有一定的偶然性，大多数无法进行预见。当运营线遇突发故障后，带班主任无法第一时间赶赴现场，所以通过手台或移动电话取得联系并进行应急指挥和协同处置便成了常态。司机在上报故障时，可能因现场环境复杂、临场心态慌乱、表达能力有限等因素，无法及时准确地将故障现象和故障点上报带班主任。带班主任询问时易出现抓不住重点项、盲目了解无关项、指挥慌乱等现象。以上都源于没有完整的沟通规范并付诸实践，双方均无法沟通到重点，导致双方对于列车的信息均掌握不全面，极易造成故障处置错误或指挥混乱，导致列车更长时间的延误，给运营线带来更大的影响。

3. 故障处置流程了解不清晰不透彻

带班主任对于故障处置方案掌握不彻底、不熟练，导致在应急指挥和协同处置的过程中不明确针对相应故障的具体解决步骤，易盲目告知司机错误或不必要的操作步骤。司机操作后易导致增加不必要的处置步骤，可能出现次生故障，造成运营线处置时间过长。

4. 反应不及时，未第一时间协同处置

司机遇运营线发生列车故障时，第一时间上报行车调度员。带班主任在轮乘室内通过手台监听可同时了解该情况，但未与司机取得联系，辅助司机进行故障处置，导致后续取得联系时，带班主任不了解司机进行了哪些故障处置，极易出现相同的处置方式司机自己操作一次，带班主任介入后又指挥司机操作一次，增加了故障处置时间。

（二）策略优化与应对措施

1. 完善带班主任应急指挥与协同处置培训方案

（1）开展桌面推演

在带班主任交接班时，组织其进行桌面推演，带班主任之间进行交流与沟通。对在当日值岗期间发生的故障，带班主任应就如何应对并进行应急指挥与协同处置，在桌面推演中进行相关讲述并演示，要求其他带班主任对该带班主任进行相应的点评和补充，取长补短，保证在今后的工作中遇到此类问题可以从容不迫地解决。

（2）开展实战演练

针对带班主任面对突发故障时存在的问题，完善培训方案，利用廖明创新工作室与附属培训教室，达到模拟正线遇突发故障的情况，带班主任进行临场指挥。

利用模拟器设置列车在站或在正线运营时的常

见故障。如全列牵引无流、全列紧急制动不缓解、全列车门打不开等故障，带班主任在培训教室利用手台与创新工作室内司机进行沟通联系，告知司机遇相应故障应执行何种操作。司机按带班主任指示进行故障处置，通过模拟器对带班主任指挥是否得当、故障处置是否到位等进行打分。以上方式高度还原运营线遇突发故障时的场景，更加贴近实战。利用此方案进行培训可更加有效地了解带班主任能力，针对暴露出的问题有目的地进行改进。与运营线真实场景高度契合，通过每轮次培训逐步提升带班主任的业务水平，遇运营线突发故障后可以从容不迫地应对。

2. 深入了解故障处置流程

为了加强对北京地铁运营安全的监督管理，深入细化故障处理方案及流程，防止和减少突发运营事故的发生，保障人民群众的生命财产安全，公司根据各线突发事件应急处置办法和电动列车操作规定、列车应急故障处理，制定相关操作说明，进一步深化了对列车故障的理解与认识，强化了职工“行车有道，做事依规”的法治观念，约束其突发故障处理流程，规范应急操作，最大限度提升了突发故障处理能力，确保实现了北京地铁“安全可靠”的质量目标。

根据故障类型对处置流程进行细化分类，通过视频、图片、现场实例等方式，对每类故障进行逐一讲解。带班主任在处置过程中可以根据故障分类缩小处置范围，根据故障点及故障现象对司机进行有针对性的指挥。深入学习故障处置流程后，可以达到快速协助司机完成故障处置，更快恢复正线运营秩序。

3. 优化沟通方式，提升信息交流水平

正线遇突发故障时，带班主任与司机之间的沟通非常重要。良好的沟通方式可以辅助司机更快速地进行故障处置，混乱的沟通方式很可能导致故障处置不到位，从而影响后续运营秩序。由此，需要规范带班主任与司机之间的沟通方式，统一使用一种模板作为应急处置下的标准沟通方式，实现带班主任与司机间的无障碍交流。这样带班主任便可以更快地了解现场情况，以便后续指挥得当。司机也可按照带班主任的正确指示进行故障处置，减少处置时间，为运营线尽快开通打下基础。

以运行中车门开好灯突亮为例，带班主任不要询问司机处理得如何，要询问司机进行了哪些具体的操作，关于车门的保险操作过哪些并有何显示，是否逐个确认车门。尽量避免含糊不清地询问，多一些针对操作步骤和现象的提问，有助于快速解决问题。

4. 提升危机意识，第一时间协助处置

运营线遇突发故障时，带班主任越早介入处置越可以最大限度地加快处置速度，减少运营线延误。带班主任及时关注监听手台的语音变化，如有司机上报行车调度员值乘车次遇突发情况时，带班主任第一时间与值乘司机取得联系，通过简明扼要的询问得知故障要点，并协助司机进行故障处置。

第四讲

综合评价法：
地铁司机培训效果的评价策略

一、评价“四法”

1. 问卷调查

此调查旨在逐步提升培训方法的可靠性。通过向地铁司机发放调查问卷，让他们对培训内容、培训的设备设施、培训教师的综合能力、培训实际应用程度等问题进行评价。问卷内容包含选择题、打分题和具体的开放性问题。通过调查问卷的方式，获取全面的反馈意见，以便进一步提升培训效果。

2. 观察评估

通过实际观察地铁司机在进行培训时的操作表现、故障处理时具体操作步骤、故障处置时间、沟通联系用语、处置时是否慌乱和标准化作业项目等内容，评估被培训人对培训内容的实际掌握程度和应用程度。

3. 考试评估

通过定期开展培训考试，以此分析评判地铁司机对培训内容的理解和掌握程度。考试分为理论考试和实操考试两部分。理论考试包含填空题、简答题，将故障进行分类，每次理论考试考一个类型的故障，考试结束后，司机可以有针对性地进行继续学习；实操考试依托廖明创新工作室内模拟器进行，以确保司机对培训知识的掌握和应用。理论考试及实操考试试卷见附件 1 与附件 2。

4. 口头反馈

培训老师通过面对面沟通交流的方式，充分听取地铁司机对于培训内容的理解程度以及他们反馈的意见与建议。在检验培训效果与实际应用效果的同时，还可以及时了解司机对于培训内容的困惑，并针对个人情况提供有针对性的讲解和指导。

二、评价标准参考依据

应急故障处置方法是根据现行的标准化作业流程、操作规定、行车组织办法等进行归纳总结出来的，所以其评判标准的构建也以此为基准，同时兼顾有变化的处置点。地铁司机现场处置故障是极易受到心理素质好坏、故障位置不易判断、信息的接收情况、现场人员干扰等各类因素的影响，临场处置的时间具有不确定性和波动性。因此评价标准的参考依据也会考虑现场处置时间的具体数据并结合处置步骤进行综合判断。

三、评价原则

（1）评价原则主要是根据司机应急处置过程中操作反映出的处置能力进行综合评价。原则上以评价标准为依据。

图 10　对司机考试结果进行评价

（2）根据评价标准参考依据，涉及应急处置用时的故障类别，评判时需要综合考虑司机对于故障处置是否按照步骤全部进行操作以及处置的时间。

（3）对于未涉及故障处置用时的故障，根据评价标准参考依据进行评判。因故障处置造成列车延误晚点，需要结合司机具体的操作内容以及晚点原因，对司机的应急处置能力进行评定。

附件 1：理论考试试卷（以车门故障为例）

班组______ 姓名______ 日期______ 成绩______

一、全列车门打不开（填空） 每空 5 分，共 65 分。

判断：列车在停车状态、门选向开关置于______、按动开门按钮，无开门提示音响______，门关好灯______、门开好灯______。

1. 反复按动______开门按钮 2~3 次；

2. 确认______方向，用手解下开门侧“左侧 / 右侧紧急开门按钮”铅封线，打开按钮保护盖，按下开门侧“左侧 / 右侧紧急开门按钮”，有效则按此方式进行开门作业（终点掉线）；

3. 向站台侧反复搬动______ 2~3 次；

4. 先旁路______后，再断开 ATP 电路，重新闭合，进行开门，关门后______；

5. 检查列车门保险，______；

6. 头车打门选，使用______开门；

注意：开门方向（立即清人掉线）

7. 换端操作，______打门选，按开门按钮；

注意：开门方向　车门—站台门不联动（立即清人掉线）

8. ______（立即清人掉线）。

二、单节车门打不开（简答）共 35 分。

附答案：

一、判断：左或右侧 全列车门无动作 亮 灭

1. 站台侧

2. 列车开门

3. 门选

4.SK2（零速）　断开 SK2

5. 断开后重新闭合

6. 尾车开门按钮

7. 操纵端

8. 手动打开车门

二、判断：列车在停车状态、门选向开关置于

应开站台侧、按动开门按钮TMS显示某节车门未打开（故障车门状态为绿色光带）及故障车侧墙门灯不亮。

1. 反复按动站台侧开门按钮2~3次；

2. 检查故障车QF17（本车门），是否跳开，如跳开将其闭合；

3. 手动开、关门（立即清人掉线）。

附件 2：实操考试试卷

廖明创新工作室实操考试卷

监考人员：　　　　　　　　　　　年　月　日

<table>
<tr><td>姓名</td><td></td><td>上机用时及分数</td><td></td><td>笔答用时及分数</td><td></td><td>总成绩</td><td></td></tr>
<tr><td>班组</td><td></td><td>上机故障是否处理</td><td>是 / 否</td><td>上机是否违章</td><td>是 / 否</td><td>员工编码</td><td></td></tr>
<tr><td rowspan="3">注意事项</td><td colspan="7">1. 对违反考试纪律，违反安全规章、技操规范及发生行车事故的考生停止其考试资格，并按失格处理。对损坏设备的考生需登记按价赔偿，并按失格处理。</td></tr>
<tr><td colspan="7">2. 本项考试 20 分钟，共设 2 个应急故障处置；上机操作 10 分钟，笔答 10 分钟。</td></tr>
<tr><td colspan="7">3. 本项考试共 100 分，上机操作 50 分，含故障处置 40 分及完成时间占 10 分；笔答 50 分，含笔答内容 40 分及完成时间占 10 分。</td></tr>
<tr><td colspan="8">故障处置 1：填写上机时的故障处置名称</td></tr>
<tr><td colspan="8">填写具体处置步骤。</td></tr>
<tr><td colspan="8">故障处置 2：填写上机时的故障处置名称</td></tr>
<tr><td colspan="8">填写具体处置步骤。</td></tr>
</table>

后 记

创新永远是发展的首要动力，亦是行业乃至国家不断进步的不竭动力。

本书主要分析地铁司机及带班主任应急处置能力，基于本人基础工作法的研究与实践，提出适用于地铁司机日常工作的创新培训法以及对于地铁司机的综合评价法。

首先需要强化司机队伍的安全行车意识。充分认识到安全是地铁的生命线，明白安全行车对整个企业、个人以及社会的稳定有序都起着至关重要的作用。其次需要树立良好的服务意识。随着乘客乘坐地铁出行的需求越来越高，对地铁工作人员的要求也就越来越高。通过培训可以提高司机的驾驶水平和应急处置能力，为广大乘客提供更加满意的出行体验，更好地服务乘客。再次是加强地铁司机的业务知识培训。努力学习各类专业知识，在经验与技术上得以提高。最后着重通过创新培训法提高地铁司机以及带班主任的应急处置能力，增强司机对突发事件的应变能力，减少各类行车事故。

地铁司机各项能力的提高需要持之以恒的训练，贯穿这项工作的便是培训，同时，需要对固有的培训模式进行创新改变，建立更适应当下工作的培训新模式。

廖明

2023 年 8 月

图书在版编目（CIP）数据

廖明工作法：地铁司机应急处置技能培训 /廖明著. —北京：中国工人出版社，2024.6

ISBN 978-7-5008-8280-0

Ⅰ. ①廖… Ⅱ. ①廖… Ⅲ. ①地下铁道－交通运输管理－突发事件－应急对策

Ⅳ. ①U231

中国国家版本馆CIP数据核字（2023）第180205号

廖明工作法：地铁司机应急处置技能培训

出 版 人　董　宽
责任编辑　王学良
责任校对　张　彦
责任印制　栾征宇
出版发行　中国工人出版社
地　　址　北京市东城区鼓楼外大街45号　邮编：100120
网　　址　http://www.wp-china.com
电　　话　（010）62005043（总编室）
　　　　　（010）62005039（印制管理中心）
　　　　　（010）62379038（职工教育编辑室）
发行热线　（010）82029051　62383056
经　　销　各地书店
印　　刷　北京市密东印刷有限公司
开　　本　787毫米×1092毫米　1/32
印　　张　2.5
字　　数　35千字
版　　次　2024年7月第1版　2024年7月第1次印刷
定　　价　28.00元

优秀技术工人百工百法丛书

第一辑　机械冶金建材卷

优秀技术工人百工百法丛书

第二辑　海员建设卷